Hubert Kölsch

Grales Gnade

Eine Parabel über Vergebung

Bibliographische Information der Deutschen Bibliothek:
Die Deutsche Bibliothek verzeichnet diese Publikation in der
Deutschen Nationalbibliographie;
detaillierte bibliographische Daten sind im Internet über http//dnb.ddb.de abrufbar.

Herstellung und Verlag:
Books on Demand GmbH, Norderstedt
ISBN: 978-3-8482-5312-8

Für Isabelle

„So recht! So nach des Grales Gnade:
das Böse bannt, wer´s mit Gutem vergilt."

Richard Wagner: Parsifal

Inhalt

Kapitel I

„Weiter, nur weiter", dachte ich, ohne zu wissen wohin.

Ich lief durch die Nacht, Schneekristalle brannten in meinem Gesicht, eisiger Wind peitschte meinen Körper. Die Füße versanken immer tiefer im Schnee, jeder Schritt kostete mehr Kraft. Dann brach ich zusammen, fiel mit dem Gesicht in den Schnee und blieb in der Kälte liegen, ohne etwas zu spüren. Mein Körper wurde steif, der Wind fegte über mich hinweg und bedeckte mich mit Schnee, der mich verschwinden ließ. Meine letzte Erinnerung war ein Gefühl der Erleichterung.

Verschneite Landschaften zogen an mir vorüber, granitgraue Berge überwölbt von stahlblauem Himmel, aber keine Sonne. Ich fand mich in tiefster Nacht und nur das Licht des Mondes funkelte über die schlafenden, verschneiten Felder. Stürme tobten, sie nahmen und brachten Schnee, veränderten alles, zerstörten, erschufen, verwandelten, bedeckten, entblößten: grausam, gnädig, kreativ.

Dann wieder die eisige Stille des Winters, alles schien zu warten, ohne Bewegung. Eiskaskaden hingen von Felsen und drohten, jeden

Moment hinunter zu fallen, um wie ein Pfeil ohne Erbarmen das wehrlose Opfer zu durchbohren.

Nacht.

„Bin ich tot?"

Noch wagte ich nicht, die Augen zu öffnen, denn mir fehlte jede Erinnerung. Ich spürte eine Decke, die mich wärmte und eine harte Unterlage. Der Ort, an dem ich mich befand, war kühl, aber er fühlte sich sicher an. Noch immer hielt ich die Augen geschlossen.

„Bin ich tot?"

Wo war ich? Was ist aus meinem Leben geworden? Bin ich tot oder lebendig? Das Leben, aus dem ich kam, war für mich voller Schrecken. Ich war das Opfer meiner selbst und meiner Vergangenheit, die ich festhielt. Jedes positive Ereignis in meinem Leben sah ich in Relation zu meiner Vergangenheit und dem, was nicht gut funktionierte. Ich hatte mich damit abgefunden, das Gute im Leben als theoretisch möglich zu betrachten, jedoch behielt das Negative stets die Oberhand.

Das wirkte subtil, funktionierte beängstigend gut, fast wie eine Droge. Ich hatte ein Leben entwickelt, in dem ich meine Selbstsabotage als intellektuelle Auseinandersetzung mit mir selbst begründete und mir damit eine perfekte Lüge konstruiert.

Ich hielt mich für einen positiven, freundlichen und selbstkritischen Menschen. Tatsächlich lebte ich in einer Realität von permanenter Selbstdestruktion und nährte mich von meinem Selbstmitleid, wie andere von Kaffee, Zigaretten und Alkohol. Auch hielt ich mich für erfolgreich, denn ich war umgeben von vielen Menschen, die ähnlich dachten wie ich und wir hielten diese Form für eine Tugend und die wahrhaftige Auseinandersetzung mit sich selbst.

Nichts konnte ich vergessen, denn ich wollte nichts vergessen. Die Vergangenheit bildete mein Lebenselixier, das mein Opferdasein nährte. Ich suchte nach einem besserem Leben, aber wie sollte dies möglich sein, bei all den negativen Ereignissen der Vergangenheit. Ich lebte gut, mit der Illusion des Opfers, denn ich hatte viele Vorteile davon: Aufmerksamkeit, Anerkennung, Mitleid der anderen und Selbstmitleid, Entschuldigung, bestimmte Dinge nicht zu schaffen, weniger Leistungsfähigkeit. Ich liebte mein Leben, indem ich meine Opferhaltung zelebrierte.

Im Lauf der Jahre begann ich immer mehr zu erstarren. In diesem Winter meiner Seele froren die letzen Emotionen zu Eis. Mein Leben kam zum Stillstand. Ich funktionierte. Regelmäßig. Emotionslos.

Dann begann ich mit letzter Verzweiflung, in die Nacht zu laufen.

„Bin ich tot?"
„Nein."

Ich erschrak. War ich enttäuscht oder erleichtert, nicht tot sondern noch am Leben zu sein? Was hatte ich eigentlich erwartet? Wollte ich sterben, wollte ich leben? Ich wusste es nicht.

Die Stimme klang tief, aber ich erkannte nicht, aus welcher Richtung sie kam. Ich überlegte, ob ich die Augen öffnen sollte. Aber was würde dann geschehen. Bleibe ich am Leben? Wenn ich die Augen geschlossen halte, kann ich vielleicht doch noch sterben..?

„Wir warten auf Dich", hörte ich die Stimme direkt neben mir.

Ich öffnete meine Augen.

‚Jetzt ist es zu spät, um zu sterben', schoss es mir blitzartig durch den Kopf.

„Warum willst Du sterben?"

Neben mir stand ein hagerer, hoch gewachsener Mann in einer mönchsähnlichen Kutte. Meine Augen schweiften umher. Es war ein karger Raum mit Tisch und zwei Stühlen. Ich lag auf einer Art Pritsche, gegenüber von mir sah ich ein Fenster und das fahle Licht des Wintermondes. Es war wohl eine Art Kloster, aber soweit ich erkennen konnte, befanden sich nirgends Bilder, Kreuze oder andere Dinge, die darauf hingewiesen hätten.

Noch immer wagte ich nicht, mich zu bewegen. Mein Gesprächspartner hatte sich auf den Stuhl gesetzt und wartete geduldig. Woher wusste er, was ich dachte?

„Sterben wäre Zeitverschwendung", sagte er mit einem Lächeln.

„Warum?" Jetzt hatte er meine Neugier geweckt.

„Weil Du dann alles noch einmal von vorne beginnen müsstest."

„Wer sagt denn das?"

Er lächelte.

„Wenn Du noch lange liegen bleibst, versäumen wir unsere Zusammenkunft. Wir haben in dieser Nacht viel vor mit Dir."

„Wer sagt, dass ich es überhaupt möchte?"

„Du sagst es. Deswegen haben wir dich hierher gebracht."

Ratlos sah ich ihn an.

Sie hatten mich gefunden, kalt, fast erfroren. Wenige Minuten später und ich wäre in meinem Schneegrab lebendig eingeschlossen geblieben. Unauffindbar. Erst der Frühling, der hier im langen Schatten der Berge spät eintrifft, hätte mich wieder der Vergessenheit entrissen. Behutsam, eingehüllt in Decken, brachten sie mich hierher, wärmten, pflegten und schützen mich, bis ich wieder erwachte. Ich sei in Sicherheit und das wäre genug für den Moment. Doch ich stellte eine Vielzahl von Fragen, wo ich genau sei, wie lange ich hier gelegen habe, wer der Gesprächspartner sei. Auf alle meine Fragen wurden die Antworten verwehrt.

Schließlich setzte ich mich auf und legte die Decke beiseite. Jetzt sah ich, dass ich einen ähnlichen Umhang trug. Er war grau und schlicht. Als ich ihn vorsichtig berührte, spürte ich einen sorgsam gewebten Stoff, der mir sehr wertvoll erschien, was auf den ersten Blick nicht erkennbar war. Auch als ich die Decke neugierig betastete, fühlte ich diesen fein gewebten Stoff. Ich erhob mich, legte die Decke sorgsam auf die Pritsche und begann mich zu strecken. Alles fühlte sich normal an. Dann stellte ich fest, dass meine Haare gewaschen und mein Gesicht rasiert war. Ich betrachtete meine Hände und hatte den Eindruck, dass auch mein Körper frisch eingecremt schien. Wer auch immer diese Menschen hier waren, sie haben mit viel Liebe und Umsicht für mich gesorgt.

Mein Gesprächspartner hatte sich erhoben, ging ein paar Schritte auf mich zu und reichte mir die Hand.

„Du hast Dich tatsächlich entschlossen zu leben", sagte er.
„Woher weißt Du das?" Ich war etwas verunsichert, ob auch ich die persönliche Anrede wählen darf.
„Du hattest die Wahl, dich zu erheben oder liegen zu bleiben. Ich habe abgewartet. Beides wäre eine Option für Dich gewesen. Jetzt hast Du Dich entschieden."

Erstaunt sah ich ihn an und wusste jetzt nicht, was ich erwidern sollte.

„Gehen wir", sagte er entschlossen, schritt zur Türe, öffnete sie und bat mich mit einer freundlichen Geste voran zu gehen.

Wir schritten durch einen langen Gang. Wenn ich nicht immer wieder an der Seite Fenster gesehen hätte, durch die ich eine vom Mond beleuchtete Winterlandschaft schimmern sah, hätte ich dies alles für jenseits der Realität angesehen.

Ich verlor das Gefühl von Zeit und Raum, wusste nicht, ob wir geradeaus oder im Kreis gingen, bis wir schließlich vor einer Türe standen, die zu einer Kathedrale passen würde. Im selben Moment wurde die Pforte von innen geöffnet und wir betraten einen großen Raum, der mit Kerzen hell erleuchtet war.

Auch dieser Raum ähnelte einer Kirche, es gab lange Bankreihen, welche in der Form eines Quadrates angeordnet waren. In der Mitte befand sich ein Tisch. Jedoch konnte ich nirgends Hinweise auf eine kirchliche Symbolik erkennen. Wir nahmen auf einer der Bänke Platz.

„Wer seid Ihr?", fragte ich.
„Siehst Du noch jemanden außer uns beiden?"

„Nein", sagte ich etwas genervt, „aber so ein Gebäude kannst Du doch nicht alleine erbauen und bewohnen."

Schweigen.

„Wer seid ihr?", fragte ich erneut.

Schließlich erhob er sich, begann durch den Raum zu schreiten und strahlte eine ungeheure Würde aus. Ich folgte ihm mit meinem Blick und dadurch begann ich im Raum plötzlich Dinge wahrzunehmen.

An einer der Wände erkannte ich ein dunkles, etwas verwittertes Fresko. Mein Partner nahm eine Kerze aus einem der Leuchter und hielt sie in Richtung der Wand. Ich erkannte das Bild eines Schwans. Dann deutete er an die anderen Wände und ich sah an jeder Wand den Umriss eines weiteren Fresko.

Langsam ging er durch den Raum, wobei er die Flamme der Kerze sorgsam mit der Hand vor dem Erlöschen schütze. An jeder Wand leuchtete er auf das Bild. Jedes Mal schien es der gleiche Schwan zu sein, jedoch war es immer ein anderes Bild.

Das erste zeigte den Schwan, wie er in ruhigem Wasser langsam und würdevoll in Richtung des Betrachters schwamm. Das zweite, wie er das Wasser verließ, den Hals nach vorne gestreckt, und mit unglaublicher Kraft nach oben stieg. Das nächste Bild stellte ihn friedlich und ruhevoll in der Luft kreisend dar. Auf dem vierten Bild schwamm er im Wasser. Das Gefieder war in Licht gehüllt, der Schnabel ins Wasser getaucht und sein langer, sanft gebogener Hals schien der Form eines Herzens zu ähneln.

Dann zeigte mein Partner auf die Decke und dort sah ich einen prachtvollen Leuchter mit brennenden Kerzen. In der Deckenbemalung erkannte ich eine Taube, die sich langsam vom Himmel nach unten zu bewegen schien. Dieses Bild strahlte eine unglaubliche Schönheit und Ruhe aus und zog mich lange in seinen Bann.

„Wer seid ihr?", fragte ich erneut.

Diesmal erhielt ich als Antwort eine Gegenfrage.

„Wer bist Du?"

Auf diese Frage war ich weder vorbereitet, noch beantwortete sie meine, die ich ihm immer wieder gestellt hatte. Ich versank in Schweigen, wusste nicht, ob ich nachdachte oder einfach nur vor mich hinstarrte.

Zu meinem Erstaunen stellte ich fest, dass meine üblichen Verhaltensmuster nicht mehr funktionierten. Irgendwie schien ich aus meinem Leben gefallen zu sein.

Bisher hatte ich auf keine meiner Fragen eine Antwort bekommen und entschloss mich, einen letzten Versuch zu starten.

„Welche Frage kannst Du mir beantworten?"
„Ich habe Dir alle Fragen beantwortet, nur nicht in der Weise, wie Du es Dir gewünscht oder vorgestellt hast. Welche Frage möchtest Du beantwortet haben?"

Ich wollte meine Chance nutzen und dachte in Ruhe nach.

„Warum bin ich hier?"
„Weil Du lernen möchtest, zu vergeben."

Kapitel II

Nachdem ich mich vom ersten Schock erholt hatte, konnte ich meinem Gesprächspartner wieder in die Augen blicken. Vergeben. Er hatte Recht, das konnte ich überhaupt nicht. Im Gegenteil, ich hielt meine Vergangenheit mit eiserner Faust fest.

„Jetzt ist der Zeitpunkt, dass ich mich bei Dir vorstelle. Mein Name ist Astouriel. Ich begleite Dich."

„Danke", sagte ich verwundert. „Wohin begleitest Du mich?"

„Du bist hierher gekommen, um Vergebung zu lernen."

„Mag sein,", entgegnete ich vorsichtig. „Wo bin ich hier eigentlich?", wagte ich einen neuen Versuch.

„Du bist in einer der Ausbildungsstätten des Grals...", er zögerte einen Moment, „... vielleicht lässt es sich metaphorisch so am einfachsten beschreiben."

Ich war völlig sprachlos und blickte Astouriel mit großen Augen an.

„Der... Gral...", stammelte ich unbeholfen.

Astouriel schien über grenzenlose Geduld zu verfügen.

„... das ist doch der Kelch, den alle suchen ... und noch keiner gefunden hat."

„Das stimmt so nicht...", entgegnete er. „Der Gral ist kein Kelch oder anderer physischer Gegenstand und deswegen hat ihn auch noch niemand gefunden. Jedoch gibt es den Gral, sonst wärst Du nicht hier."

„Aber wenn das, was Du mir erzählst, nur ein Märchen, ein Traum oder eine Soap ist?"

„Es bleibt Deine Entscheidung."

Ich erhob mich und ging langsam zu der Wand mit dem ersten Schwan, der aussah, als ob er zum Betrachter schwimmen würde. Lange war ich in das Bild versunken, ohne zu bemerken, dass Astouriel in einiger Entfernung neben mir stand und die Kerze hielt, so dass ich das Bild in Ruhe betrachten konnte. Langsam glitt der Schwan durch das Wasser, teilte es und ließ gleichmäßige Spuren hinter sich zurück. Er hatte den Kopf leicht zur Seite gedreht und dadurch blickte er mich direkt an.

„Wer ist der Gral?"

„Das sagt sich nicht."

Wieder solch eine rätselhafte Antwort, aber irgendetwas schien sich verändert zu haben, denn Astouriel fuhr fort.

„Wer der Gral ist, erklärt sich durch die Begegnung mit ihm. Es ist ein innerer Prozess. Auch kannst Du den Gral nicht suchen, sondern der Gral sucht Dich."

„Was bedeutet das nun schon wieder?"

„Wenn Du innerlich bereit bist, wird der Gral versuchen, mit Dir eine Begegnung wie diese herbeizuführen."

„Dann seid ihr wohl auch so eine arrogante, spirituelle erleuchtete Vereinigung, die behauptet, man muss erst eine Stufe erreicht haben, bis man würdig ist..."

„Wir sind weder erleuchtet, noch arrogant, noch spirituell", unterbrach er mich, „und vor allem keine Vereinigung!"

„Was seid ihr dann?" Ich spürte, wie ich ungeduldig wurde.

„Wir dienen dem Gral."

„Aha... und welche Anforderungen muss ich erfüllen, damit der werte Herr Gral bereit ist, mich aufzusuchen?"

Astouriel blickte mich streng, aber doch voller Liebe an.

„Entschuldigung, das war wohl etwas provokant", gab ich verlegen zu.

„Es gibt nur eine Voraussetzung", fuhr er fort, „Deine Bereitschaft loszulassen."

Er hatte meinen wunden Punkt getroffen. Hier war ich richtig. Woher wusste er das?

„Gut, das verstehe ich. Nur muss ich Dir etwas gestehen. Ich kann nicht loslassen. Das ist meine große Schwäche. Mein Leben ist eine einzige Opferhaltung."

„Das wissen wir", entgegnete er.

„Wer ist wir..?"

„Das kommt später", sagte er streng und ich schwieg.

„Wir wissen, dass Du es nicht kannst, und dass Du es lernen möchtest. Dein Wunsch, zu erkennen was Vergebung bedeutet, ist so groß geworden, dass Du bereit bist, alles Notwendige dafür zu tun. Dafür musstest Du nur Deiner Alltagsroutine entkommen."

„Deswegen habt ihr mich in den Schneesturm geschickt?"

„Du suchst die Ursachen für die Ereignisse im Leben bei anderen. Dies zu verändern bedeutet, die Vergangenheit loszulassen. Du selbst hast Dich in den Schneesturm geschickt, weil du lernen willst."

Er hatte Recht und ich hörte ihm weiter zu.

Menschen verharren in der Opferhaltung, weil sie nicht die Verantwortung für ihr Leben übernehmen möchten und daher stets die

Schuld bei anderen Personen oder Ereignissen suchen. Es gibt drei verschiedene Kategorien von „Opferhaltung".

In der ersten befinden wir uns alle und mehr oder weniger häufig. Wir klagen regelmäßig über unser Leben, sind jedoch offen für andere Sichtweisen. Wir schaffen es selten, aus eigener Kraft den Fokus auf die Situation zu verändern, da wir die Vorteile des „Opfer-Seins" doch sehr schätzen. Allerdings sind wir in der Lage, wenn andere uns helfen und neue Sichtweisen aufzeigen, diese zu erkennen und die Opferhaltung aufzugeben, zumindest für eine bestimmte Zeit.

Die zweite Kategorie besteht aus Menschen, deren wichtigste Beschäftigung im Leben darin besteht zu analysieren, was in ihrem Leben fehlt und welche Ereignisse noch geschehen müssten, damit sie endlich glücklich sein könnten.

Allerdings werden sie nie das Gefühl von Zufriedenheit spüren, sondern stets weiter analysieren und untersuchen, was noch alles notwendig ist, selbst wenn sich inzwischen deutliche positive, und erwünschte Veränderungen in ihrem Leben ergeben haben. In dieser Kategorie liegt das Augenmerk stets darauf, was man nicht hat und sich deswegen unglücklich fühlt.

Die dritte und letzte Kategorie beschreibt Menschen, die bereits erzählen, wie schlecht ihr Leben ist, bevor wir sie überhaupt danach fragen können, wie es ihnen geht. Sie sind in der Vollendung der Opferhaltung angekommen, da sie stets, und vor allem ungefragt, über sich selbst und ihr Leben nur negative Beschreibungen haben und in einem Meer aus Selbstmitleid drohen unterzugehen.

„Wenn Du lernen willst zu vergeben", sagte Astouriel, „ist es notwendig, Deine Opferhaltung aufzugeben und die Vergangenheit loszulassen."
„Ich befürchte, einen großen Teil meines Lebens habe ich in der zweiten und dritten Kategorie verbracht."

Astouriel nickte zustimmend.

„Aber Du hast Dich entschieden und das ist der wichtigste Schritt."
„Im Moment schwirren mir so viele Fragen durch den Kopf", sagte ich. „Doch am meisten beschäftigt mich eine Frage. Was ist der Unterschied zwischen vergeben und verzeihen?"

Astouriels Augen begannen zu leuchten, als er meine Frage hörte.

„Ich danke Dir", sagte er.

„Wofür..?"

„Diese Frage zeigt, dass Du wirklich hier bei uns angekommen bist. Du hast die Herausforderung angenommen, Dich zu verändern. Nur deswegen kannst Du diese Frage stellen."

Nachdenklich blickte ich ihn an.

„In Verzeihen steckt das Wort ‚zeihen' und das bedeutet jemanden beschuldigen oder ihm etwas vorwerfen. Demnach bedeutet verzeihen, die Beschuldigung oder den Vorwurf aufheben oder zurücknehmen. Jedoch enthält das Wort vergeben das Verb ‚geben'. Vergeben bedeutet, jemandem etwas zu geben, weil oder obwohl er mich schlecht behandelt oder mir etwas angetan hat."

„Das leuchtet mir theoretisch ein, dennoch spüre ich Widerspruch und Wut in mir. Was gebe ich denn beim Vergeben?", fragte ich.

„Liebe", sagte Astouriel.

Das konnte und wollte ich nicht verstehen. Ich sollte Menschen, die mir das schlimmste Unrecht zufügen oder mich beleidigen, belügen, betrügen, all denen muss ich Liebe schenken? Niemals! Ich war aufgesprungen, rannte durch den Raum und suchte die Türe, doch ich fand sie nirgends. Aus irgendeinem Grund war sie verschwunden, oder ich konnte sie nicht mehr sehen. Plötzlich blieb ich wie angewurzelt stehen und blickte auf die Wände. Zunächst auf die eine, dann zu den anderen. Die Schwäne waren verschwunden. Ich hob den Kopf und sah zur Decke empor, auch das große Bild mit der Taube war nicht mehr zu erkennen.

„Astouriel, was ist hier los?"
„Deine Schwingungen und Emotionen passen nicht zu diesem Raum. Beruhige Deinen Wahn. Alles wird sich wieder so verändern, wie Du es kennst."

Geschockt über die Wirkung meines Gefühlsausbruchs setzte ich mich auf eine Bank. Mein Atem beruhigte sich, die Gedanken wurden klar und ich konnte die Türe erkennen. Und dann, wie aus dem Nichts, waren die Bilder wieder sichtbar. Ich stieß einen Seufzer der Erleichterung aus.

„Das war beeindruckend. Astouriel, bitte beantworte mir eine Frage."

Er machte eine bereitwillige Geste und setzte sich neben mich.

„Wenn ich verzeihen will, dann spreche ich jemanden von Schuld los. Das kann ich verstehen. Wenn mir jemand etwas Schlimmes angetan hat, was auch immer das im Einzelfall ist, dann erwartest Du von mir, dass ich vergebe. Ich soll der Person etwas geben und Du sagst, es soll Liebe sein. Wie soll denn das funktionieren..?"

Astouriel schwieg. Dann blickte er mich an, sah mir tief in die Augen.

„Wie soll Vergebung denn sonst funktionieren als mit Liebe?"

Nach einer Weile stand er auf und gab mir ein Zeichen, ihm zu folgen. Wir gingen zu dem ersten Bild.

„Der Gral sucht Dich. Da dies aber eine innere Entwicklung ist und kein Gegenstand, bist Du jetzt in diesem Moment in Kontakt mit Deinem höchsten Bewusstsein."

Erneut blickte ich lange auf das Bild, als ob ich darin eine Antwort finden könnte, jedoch entstanden immer mehr Fragen.

„Am meisten interessiert mich im Moment", sagte ich schließlich, „was der Gral mit Vergebung zu tun hat."

„Das wird sich Dir zeigen", sagte Astouriel. „Lebst Du hier alleine? Ist das ein Kloster oder eine Burg der Gralsritter?"

„Wir dienen dem Gral."
„Nehmen wir an", sagte ich vorsichtig, „ich möchte auch dem Gral dienen, was müsste ich dafür tun?"

Astouriels Gesicht überzog ein strahlendes Lächeln. Selten hatte ich so eine große Freude gesehen.

„Danke", sagte er. „Jetzt bin ich sehr erleichtert, denn nur wenn Du fragst, darf ich Dir die Antworten geben."
„Ich habe aber auf so viele Fragen keine Antworten bekommen..."
„Du wirst auf alle Deine Fragen auch die Antworten bekommen. Allerdings nicht immer zu dem Zeitpunkt, wenn Du sie stellst."

Ich seufzte. Allmählich glaubte ich, diese Gralsprinzipien zu verstehen.

„Wie Du dem Gral dienen kannst", fuhr Astouriel fort, „ist leicht erklärt. Du musst nur zwei Gebote verstehen. Ein Diener des Grals darf sich nie zu erkennen geben, er arbeitet stets unerkannt und folgt dem einzigen Gralsgebot: Liebe. Wenn Dir jemand begegnet, der Dir erzählt, er sei ein Diener des Grals, dann handelt es sich um einen Ritter des Ego."

„Moment", unterbrach ich ihn, „was ist dann mit Dir? Du erzählst mir, dass Du ein Diener des Grals bist... wie soll ich das verstehen?"

„Sehr gut", sagte Astouriel, „die Ritter des Ego suchen Dich auf, um Dir Geschichten zu erzählen. Du jedoch hast uns gesucht und in Deinem Falle hast Du mich gefunden. Du bist in einer dunklen Nacht in den Schneesturm gerannt."

„Das macht Sinn", sagte ich.

„Ein weiterer Unterschied ist, dass ich nur Fragen beantworte. Was ich zu sagen habe, hängt von Dir und Deinen Fragen ab, nicht von dem, was ich Dir erzählen möchte."

„Auch das stimmt", gab ich zu, „und der zweite Aspekt?"

Astouriel schwieg einen Moment.

„Nicht Du entscheidest, sondern Du folgst dem Gebot, das Du vom Gral bekommst. Du wirst vom Gral zu den Menschen geschickt, um Deinen Auftrag zu erfüllen."

„Aber der Gral ist in mir, dann gebe ich mir den Auftrag ja selbst."

„Ich sehe, mein Freund, Du hast schon viel verstanden."

„Gar nichts habe ich..."

Doch Astouriel hob die Hand und sah mir mahnend in die Augen.

„Der Gral findet sich in jedem Menschen, der ihn sucht. Es sind bestimmte Aufgaben, die wir erfüllen sollen. Nur mit Demut und Dankbarkeit kannst Du dem Gral dienen."

Langsam fühlte ich, was Astouriel meinte, ohne es als Gedanken wiedergeben zu können. Es verwirrte mich, etwas mit großer Gewissheit zu spüren, auch wenn ich nicht vermochte, dies klar zu beschreiben.

Kapitel III

Lange vor unserer Zeit, die wir Historie nennen und die in vielen Büchern beschrieben wurde, gab es bereits die Erzählung vom Gral. Die Geschichte von heute ist stets die Version der Sieger. Oft ist diese von der Wahrheit ebenso weit entfernt, wie die Planeten innerhalb des Universums.

Die geschickteste und wirksamste Art, Menschen von der ursprünglichen Essenz des Grals zu entfernen, so dass sie seine Kraft nicht mehr nutzen konnten, war, ihre Gedanken in die falsche Richtung zu lenken. Daher wurde der Gral zum Gegenstand und als Gefäß erklärt, das irgendwo zu finden sei. Wer einmal in Besitz des Gefäßes gelangt ist, dem ermöglicht der Gral, andere zu beherrschen.

Das Versprechen der Macht war Motivation genug für die Menschen, den Gral zu suchen. Da es ihn aber in dieser Form nicht gibt, kann ihn auch keiner finden. Somit wurde den Menschen die Kraft der Liebe genommen, die durch den Gral ausgesendet wird.

Doch die Entwicklung ging noch weiter. Es wurde begonnen, Gruppen, Vereinigungen und Orden zu bilden, die alle von sich behaupteten, auf der Suche oder sogar im Besitz des Grals zu sein. Damit ihn tatsächlich keiner finden konnte, begann man Kriege zu schüren, denn wer tot oder besiegt war, für den blieb der Gral wirkungslos. Dies ging soweit, dass im Namen der Liebe die grausamsten Kriege geführt wurden, angeführt von den Rittern des Ego.

Der Auftrag des Grals ist, die Liebe auf der Erde zu verankern. Es gab Orden und Bruderschaften, die still und unerkannt wirkten. Meist kannten sich die Mitglieder untereinander nicht, weil es nicht notwendig war.

Der Gral gibt keine Auszeichnungen und Uniformen, sondern verlangt stets bedingungslose Hingabe an die Aufgabe. Über die Jahrhunderte wurde Europa mit Kriegen überzogen und nach und nach mussten sich die Diener des Grals zurückziehen, bis sie schließlich in der Bedeutungslosigkeit versanken.

In unserer Zeit beginnt die Kraft des Grals neu zu erwachen und zurückzukehren. Auch heute noch werden die Kämpfe um die Unterdrückung der Liebe geführt. Aber immer mehr Menschen suchen die Liebe als universelle Kraft nicht mehr in einem Gefäß, das in irgendeiner Wüste vergraben sein soll, sondern in sich selbst. Die Kräfte des Krieges, den die Ritter des Ego führen, sind stark, doch ‚Grales Gnade' wächst unaufhaltsam.

Als Astouriel seine Erzählung geendet hatte, schwieg ich lange, denn sie hatte mein Herz tief berührt. Ich spürte, dass dies der Wahrheit entsprach, auch wenn alle Fakten der Geschichtsbücher mich der Lüge zeihen würden.

Während wir uns unterhielten, waren wir immer wieder durch den Raum gewandert und standen jetzt vor dem zweiten Bild des Schwans, der sich voller Anmut und Grazie aus dem Wasser erhebt und elegant gen Himmel strebt.

„Der Gral in Dir beginnt zu leben", sagte Astouriel, während ich versunken auf das Bild blickte. „Jetzt beginnt das Abenteuer für Dich."

„Welche Aufgabe hat der Gral für mich?"

„Lehre Vergebung", antwortete Astouriel.

Schweigen.

„Wie soll ich das tun?"

„Lehre Grales Gnade."

„Aber davon weiß ich doch gar nichts."

„Deswegen bist Du ja hier!"

Astouriel legte mir seinen Arm um die Schulter. Ich spürte ein Gefühl aus Geborgenheit, Kraft und Klarheit.

„Wie geht es weiter?", fragte ich nach einer langen Zeit des Schweigens.

Inzwischen waren die meisten Kerzen niedergebrannt und in dem Raum wurde es immer dunkler.

„Wir werden an diesen Ort zurückkehren."

Mit diesen Worten bat er mich, ihm zu folgen. Wieder öffnete sich die Türe von wundersamer Hand und erneut betraten wir einen langen Gang. Diesmal sah ich keine Fenster und es war stockdunkel. Ich konnte meine Hand vor Augen nicht mehr sehen. Dennoch schritten wir beide nebeneinander durch den Gang, als ob es völlig normal und taghell wäre. Wieder verlor ich das Gefühl von Raum und Zeit.

Wir erreichten einen Hof, der vom Licht des nächtlichen Mondes hell beschienen war. Nach kurzer Zeit konnte ich in der Mitte einen Brunnen erkennen. Von oben floss über drei Kaskaden Wasser nach unten, das in einem runden Becken wieder aufgefangen wurde. Der Hof war erfüllt von sanftem gleichmäßigen Plätschern. Astouriel führte mich zu dem Brunnen.

„Damit Du vor den Rittern des Ego gewappnet bist, ist eine Übung notwendig."

Fragend blickte ich ihn an.

„Es ist wichtig, dass Du Dich Deiner Angst stellst und lernst, sie loszulassen. Es geht nicht darum, völlig ohne Angst zu leben. Das ist als Mensch kaum möglich. Wichtig ist zu lernen, schnellstmöglich den Zustand der Angst zu verlassen und zur Liebe zurückzukehren. Nur so kannst Du dem Gral dienen."

Verstohlen blickte ich mich in dem Hof um, konnte jedoch nichts erkennen, was Angst einflößend auf mich wirkte.

„Was soll ich tun?"
„Lege Dich in diesen Brunnen!"

Ich näherte mich dem Brunnen. Er schien nicht tief zu sein. Behutsam streckte ich die Hand aus, tauchte sie ins Wasser und überlegte, ob ich mich gefahrlos hineinlegen könnte. Meine Vermutung, war, dass es sich eher um eine symbolische Handlung handelte und so streifte ich kurz entschlossen meinen Überhang ab.

Astouriel erbot sich, ihn für mich zu halten und ich stieg in den Brunnen.

„Lege Dich ins Wasser!"

Erst jetzt wurde mir bewusst, dass es plötzlich nicht mehr Winter war. Um mich war kein Schnee, die Temperatur ähnelte einer lauen Sommernacht, das Wasser war kühl, aber nicht unangenehm. Fragend sah ich Astouriel an und wieder schien er meine Gedanken zu lesen.

„Du bist außerhalb von Raum und Zeit. Jetzt lege Dich ins Wasser!"

Ein letzter fragender Blick, langsam ging ich in die Knie und legte mich schließlich ganz hinein. Sofort wurde ich von einem Strudel erfasst, der mich nach unten zog. Mein Kopf kam unter Wasser und ich war in einem gewaltigen Mahlstrom. Ich wurde hin und her geschleudert, kurz konnte ich nach Luft schnappen, ruderte mit Armen und Beinen, um den Kopf an die Oberfläche zu bekommen, ohne zu wissen, wo oben und unten war, denn ich befand mich in beständiger Bewegung.

Dann wurde ich mit gewaltiger Kraft in die Tiefe gezogen, senkrecht nach unten, wie in einem Fahrstuhl, immer schneller. Durch die Geschwindigkeit wurden meine Arme nach oben über meinen Kopf gerissen und ich war völlig handlungsunfähig. Jetzt begann mir die Luft auszugehen und Panik wuchs in mir. Angst, nackte, bloße Angst.

,Astouriel..!', schrie ich verzweifelt in Gedanken.

Es wurde noch schneller und ich sank immer tiefer. Jetzt begann ich mich um mich selbst zu drehen. Mir wurde schwindelig und schwarz vor Augen, doch ich blieb bei Bewusstsein.

,Was ist Deine Angst?', hörte ich plötzlich Astouriels Stimme in meinem Kopf
,Zu sterben...'
,Überwinde die Angst', sagte Astouriel.

Seine Stimme klang ruhig und bestimmt.

,Wie..?'
,Erwecke den Gral!'

Dann sah ich plötzlich einen Menschen vor mir. Langsam wurde das Bild schärfer und ich erkannte einen alten Schulkameraden. Ich erinnerte mich. Er hatte mir damals mein Mädchen ausgespannt, sie war die Liebe meines Lebens.

Jetzt spürte ich, dass ich bis heute weder den Verlust des Mädchens noch die Wut auf den Schulkameraden verarbeitet hatte. Die alten Erinnerungen und Emotionen von kamen in mir hoch. Ich sah sein Gesicht immer deutlicher und die angestaute, nicht bearbeitete Wut vieler Jahre drohte sich zu entladen, aber ich brachte keinen Ton heraus. Ich wollte ihn anschreien und ihm endlich alles sagen, wozu mir damals der Mut fehlte. Doch ich war unfähig dazu.

Wieder hörte ich Astouriels Stimme.

,Vergib' ihm!'
,Nie im Leben...'
,Dann stirb!'
,Nein, nein, nein. Bitte...'
,Dann vergib' ihm!'

Plötzlich war ich wieder in dem Strudel nach unten und drehte mich in alle Richtungen um mich selbst. Ich war völlig wehrlos, bekam keine Luft mehr. Ich hatte nur noch Angst um mein Leben. Dann sah ich plötzlich wieder das Gesicht und erneut kam die Wut in mir hoch, die eine unglaubliche Kraft in mir erzeugte.

,Vergib ihm. Bitte.'

Diesmal war Astouriels Stimme sanft und liebevoll. Ich hatte keine andere Wahl.

,Wie..?'
,Schicke ihm Liebe.'
,Ich habe keine Ahnung, wie man so etwas macht und ich ertrinke gleich.'
,Schaue ihn an. Ja, blicke ihm in die Augen. Jetzt sprich mir nach: Grales Gnade.'
,Grales Gnade.'
,Grales Gnade.'
,Grales Gnade.'

Dann löste sich alles auf, das Gesicht war verschwunden, ich wurde nicht mehr durch den Wasserstrudel geschleudert und bekam wieder Luft.

Als ich die Augen öffnete, befand ich mich in der Kammer auf der Pritsche. Ich spürte, dass ich wieder meinen Umhang trug, eine Decke wärmte mich und durch das Fenster funkelten die Sterne der Winternacht.

Es klopfte an der Türe und Astouriel trat ein. Ich erhob mich von der Pritsche, ging auf ihn zu und reichte ihm die Hand.

„Danke", sagte ich.
„Wir haben zu danken, dass Du Dich dieser Erfahrung gestellt hast."

„Die Wirkung war wirklich gigantisch. Aber wie das funktioniert hat, das habe ich nicht verstanden."

„Gehen wir", sagte Astouriel.

Wir verließen die Kammer und wieder gingen wir durch Raum und Zeit, bis wir plötzlich vor einer Treppe standen. Wir stiegen empor, gelangten auf eine Plattform und jetzt sah ich, dass ich auf einem Turm stand.

Über mir wölbte sich der nächtliche Sternenhimmel des Winters. Ich sah Berge vor mir mit imposanten Zacken, die wie Drachenzähne gen Himmel stießen. Der fahle Wintermond beschien die Felsen mit milchigem Licht. In der anderen Richtung konnte ich auf eine weite Ebene blicken, die von der weißen Schneelandschaft gleichmäßig bedeckt war. Dann sah ich auf meine Füße und stellte fest, dass ich barfuss war. Ich stand mitten in einer kalten Winternacht ohne Schuhe auf einem Turm, aber spürte keinerlei Kälte. Im Gegenteil, es fühlte sich angenehm an. Ratlos schüttelte ich den Kopf.

„Du bist außerhalb von Raum und Zeit."

„Scheint so... und da gibt es keine Kälte?"

Astouriel lächelte.

„Der Schwan hat sich erhoben. Nun bist Du bereit, immer mehr Zusammenhänge zu erkennen. Wenn die Nacht vorüber ist und der neue Tag beginnt, wirst Du dorthin gehen und in Liebe dem Gral dienen."

Dabei deutete er auf die weite Landschaft, aber ich konnte nirgends einen Weg oder Pfad erkennen.

„Warum sind wir hier?"
„Weil Du mehr über den Begriff der ‚Gnade' erfahren sollst. Du hast ‚Grales Gnade' selbst erlebt und erfahren, jedoch kannst Du die Dimension noch nicht erfassen."

Es ist wichtig, den Begriff Gnade in einem neuen Licht zu sehen. Allgemein bedeutet Gnade, jemandem freiwillig etwas zuteil werden zu lassen, was er eigentlich nicht verdient hat.

Unter Gnade wird auch verstanden, jemandem eine Schuld zu erlassen. Aber auch hier, wie bei unserer Geschichte über den Gral, hat eine Umdeutung stattgefunden.

Eigentlich ist Gnade die direkte Verbindung mit Gott. Im Zustand der Gnade haben wir alle Beschränkungen hinter uns gelassen und befinden uns in einer völlig reinen und klaren

Verbindung mit Gott. Dieser Moment gibt uns eine unglaubliche Macht, aber nicht die Macht im Sinne der Ritter des Ego, sondern Macht im Sinne von Liebe.

Gnade ermöglicht eine tiefe, transformierende Kraft. Jetzt können wir heilen und unser Leben verändern.

Natürlich ist dies von den Rittern des Ego nicht gewünscht, ja es ist sogar gefürchtet, denn dieser Zustand der Gnade und göttlichen Liebe ist so mächtig, dass kein Ritter des Ego ihn je besiegen kann.

Deshalb wurde wieder begonnen, den Begriff der Gnade inhaltlich neu zu besetzen und ihm Schritt für Schritt andere Bedeutungen zu geben, bis er schließlich pervertiert und ins Gegenteil verkehrt wurde. Es ist nicht mehr die Beschreibung unseres höchsten göttlichen Bewusstseins, sondern etwas, das uns von Anderen, die Macht über uns haben, zugestanden wird.

Die Voraussetzung, Gnade zu bekommen ist, das entsprechende erwünschte Verhalten zu zeigen und damit haben wir unsere göttliche Kraft vollständig abgegeben. Die Ritter des

Ego herrschen mit harter Hand und kontrollieren die Gnade.

Jetzt ist die Zeit gekommen, diese ursprünglichen Fähigkeiten neu zu entdecken und sie wieder in Besitz zu nehmen. Dies erfordert viel Mut und Kraft, denn die Ritter des Ego sind alarmiert, wachsam und versuchen, mit List und Täuschung uns in diesem unterwürfigen Zustand zu halten.

Astouriel endete mit seiner Erzählung. Wir schwiegen und blickten gemeinsam auf die weite Landschaft vor uns. Gleichzeitig spürte ich von der Felswand hinter mir eine unglaubliche Kraft ausgehen. Ich fühlte mich beschützt und sicher, als ob mir nie etwas geschehen konnte.

„Der Gral sucht Leute..?", dabei sah ich Astouriel fragend an.
„Die Diener des Grals erinnern sich."

Ich dachte in Ruhe nach. Beide Geschichten, die Astouriel mir erzählte, machten für mich sehr viel Sinn und tief in mir spürte ich, dass sie der Wahrheit entsprachen. Aber mein Verstand wollte es nicht akzeptieren, zu viele meiner Weltbilder drohten einzustürzen.

„Ist Gott der Gral?"

Astouriel schüttelte den Kopf

„Der Gral ist in Dir. Der Moment von Gnade ermöglicht Dir, in einen vollständigen Zustand von Liebe zu gelangen. Dadurch hast Du wieder Zugang zu Deinem göttlichen Bewusstsein."

„Der Gral ist Gott in mir..?"

Jetzt nickte Astouriel.

„Wie erreiche ich den Zustand der Gnade?"

„Zwei Voraussetzungen kennst Du bereits: Demut und Dankbarkeit."

„Und die dritte..?"

„Vergebung. Deswegen bist Du hier. Gnade erreichst Du nur, wenn es Dir gelingt, wirklich zu vergeben."

Kapitel IV

„Bist Du auch ein Diener des Grals?", fragte ich Astouriel.

Wir hatten den Turm verlassen, waren die Treppen hinabgestiegen und gelangten wieder durch Raum und Zeit in den großen Saal mit den Bildern.

„Ich bin der Engel der Vergebung", sagte Astouriel.

Sprachlos saß ich auf der Bank und wagte nicht, ihn anzusehen.

‚Ein Engel... das wird ja immer besser...', dachte ich.

Als ich mich umsah, erkannte ich, dass die ersten beiden Bilder mit den Schwänen jetzt wie neu aussahen. Die Konturen waren klar erkennbar und die Farben strahlten frisch. Auch das dritte Bild wurde langsam deutlicher.

„Alles, was Du siehst, ist nur für Dich real, damit wir gemeinsam diesen Weg gehen können. Hier ist kein Kloster oder eine Ordensburg und es werden keine Ritter erscheinen, die in prachtvollen Gewändern eintreten und irgendwelche Zeremonien abhalten. Dies ist nur für Dich arrangiert. Wir, die Engel, haben eine Realität erschaffen, in der Du Dich wohlfühlst. Es ist Deine Realität, die Du mit dem Gral verbindest. So können wir Dein Herz erreichen und mit Dir arbeiten. Je intensiver Du an Deiner Fähigkeit zu vergeben arbeitest, umso deutlicher zeigen sich die Bilder."

„Danke Astouriel, das ist wirklich schön und auch alles sehr nett gemeint. Nur verstehe ich immer noch nicht, wie Vergebung funktioniert. Es kann doch nicht sein, dass ich einfach nur dreimal ‚Grales Gnade' rufen muss und dann sind die schlimmsten Verletzungen geheilt. Das glaube ich einfach nicht."

„Du hast völlig Recht. Es geht darum, in welchem Zustand Du Dich befindest, wenn Du mit Grales Gnade arbeitest."

Mein Blick zeigte immer noch Unverständnis.

Die Herausforderung liegt nicht darin zu vergeben, sondern den emotionalen, seelischen und spirituellen Zustand zu erreichen, um vergeben zu können.

Das ist der Grund, warum so viele Menschen nicht vergeben. Sie glauben, dass Vergeben gleich bedeutend ist mit Vergessen und somit das Geschehene ungeschehen gemacht wird. Vergebung ist jedoch keine Handlung, sondern ein Gefühl, ein Moment des inneren Friedens. Das ist der entscheidende Unterschied. Vergebung verlangt niemals, ein Ereignis ungeschehen zu machen, sondern es bedeutet, unter dem, was geschehen ist, nicht mehr zu leiden.

Es ist ein Prozess, bei dem es nicht um den anderen geht, sondern nur um die Person, die vergeben möchte, auch wenn ein anderer die Handlung begangen hat, die zu vergeben ist. Vergebung funktioniert nicht, wenn wir auf den Täter oder Verursacher fokussieren – und daher zu Recht nicht verstehen, warum wir ihm vergeben sollten. Es geht vielmehr um die individuelle, innere Entwicklung.

Vergebung erfolgt in mehreren Schritten. Zunächst muss ich bereit sein zu vergeben und erkennen, dass dieser Prozess für mich persönlich wichtig ist und nicht für den anderen.

Es ist notwendig zu lernen, die Vergangenheit loszulassen und die eigene Opferhaltung aufzugeben. Alleine diese Entwicklung kann für den einen oder anderen schon viel Arbeit bedeuten und Zeit in Anspruch nehmen.

Ohne diese vorbereitenden Schritte ist Vergebung jedoch nicht möglich.

Nun kommen Demut und Dankbarkeit ins Spiel. Ich erkenne und akzeptiere, dass ich durch meinen Akt der Vergebung selbst wachsen und mich entwickeln kann. Jetzt akzeptiere ich wahrscheinlich das erste Mal die Situation, die zu vergeben ist, als Chance und nicht als Schandtat, die mir angetan wurde.

Demut ist wichtig, da sonst die Gefahr besteht, mich als ein Opfer zu sehen, das jetzt huldvoll bereit ist, zu vergeben, um sich so dem bösen Täter überlegen zu fühlen. Das ist eine Denkstruktur aus der Welt der Ritter des Ego. Dankbar nehme ich an, was auch immer in meinem Leben geschehen ist und mit Demut arbeite ich an mir selbst, um zu vergeben. Die Bedeutung des Begriffs Demut wurde von den Rittern des Ego umgedeutet. Demut heißt heute, sich unterwürfig zu verhalten. Falsch verstandene Demut bedeutet, in der eigenen Niedrigkeit die Meinung des anderen anzunehmen.

Viele Menschen haben Schwierigkeiten mit dem Begriff Demut, weil er für sie Selbstaufgabe und geringe Wertschätzung zu bedeuten scheint. Aber auch dies ist eine Illusion, die wieder durch die Definitionsmacht der Sieger erreicht wurde.

Demut ist der Weg, der uns direkt zu Gnade führt. Demut bedeutet, wir verlassen unsere Ego gesteuerte Seite und verbinden uns wieder mit Gott. Die demütige, egofreie Verbindung mit Gott setzt das immense Potential an Liebe frei, das wir für den Prozess der Vergebung benötigen. Es ist wie ein Fester, das plötzlich geöffnet wird. Wir erhalten frische Energie, neue Kraft und andere Sichtweisen.

Deswegen war es den Rittern des Ego wichtig, diesen Zugang zu verschließen und auch hier ging der Weg über die Umdeutung des Begriffs Demut. In Wahrheit ist Demut der direkteste und schnellste Weg zu Gott, denn es bedeutet, die Illusion von Gott getrennt zu sein, aufzuheben und wieder mit sich selbst und Gott in Verbindung zu sein.

Wenn wir alle diese Schritte gegangen sind, erreichen wir den Punkt, an dem Vergebung möglich ist. Dies wird durch ‚Grales Gnade' symbolisiert.

Der Gral ist Gott in Dir. Mit Dankbarkeit und Demut ist die Verbindung zu Gott wieder hergestellt. Verbinden wir Gral und Gnade miteinander, ist wirklich alles möglich. Aber es genügt nicht, sich nur an diesen Worthülsen festzuhalten, dann funktioniert überhaupt nichts. Es ist genau umgekehrt. Wir müssen den inneren Weg gehen und dann ereignet sich ‚Grales Gnade' von selbst.

Gebannt lauschte ich Astouriels Worten und während er sprach, wurde auch das dritte Bild des Schwanes, der friedvoll in der Höhe kreist, immer deutlicher und die Farben gewannen wieder an Kraft und Intensität.

„So einfach soll Vergebung funktionieren?", fragte ich Astouriel nach einer Pause.
„Ich habe nicht mit einem einzigen Wort behauptet, dass es einfach ist. Ich habe den Weg wie auf einer Landkarte beschrieben. Ich bin mir sehr bewusst, dass dies manchmal ein langer und sehr steiniger Weg ist. Oft genug ist bei diesem Prozess auch Hilfe notwendig."

„Astouriel, warum gebrauchst Du in Deinen Erzählungen immer wieder das Wort ‚wir'? Musst Du als Engel auch verzeihen?"

„Das ist eine sehr gute Frage. Wir Engel sind reine Liebe, reines Licht, wie auch immer Du es als Mensch beschreiben willst. Wir haben in der Tat nichts zu verzeihen. Es gibt einen anderen Grund. Unser wichtigstes Bestreben ist es, Euch immer wieder darauf aufmerksam zu machen, dass die Trennung von Gott und den Engeln eine Illusion ist. Diese existiert nur, solange ihr auf der Erde weilt. Denn wir alle gehören zusammen und helfen uns gegenseitig. Deshalb spreche ich gerne in der „Wir-Form": Wir sind Freunde, Familie, Team. Suche Dir aus, was für Dich am besten passt."

„Was ist nun meine Aufgabe in diesem Prozess? Es hat ja sicherlich einen Grund, dass ich dies alles erlebe, Dich treffe und Du mir so viel zeigst und erzählst.

„Diene dem Gral."

Schweigen.

„Und wie..?"

„Mit ‚Grales Gnade': Überwinde das Opferbewusstsein, lasse die Vergangenheit los, nehme alles in Deinem Leben dankbar an. Aktiviere das ursprüngliche Potential von Demut und verbinde Dich mit Gott. Und dann praktiziere Vergebung - mit ‚Grales Gnade'."

Kapitel V

„Wir haben noch einiges vor uns", sprach Astouriel.

Wieder schritten wir durch Raum und Zeit. Diesmal gab es auffällig viele Fenster, durch die ich die Sterne der Nacht glitzern sah. Dennoch hatte ich wieder kein Gefühl, wohin wir gingen und wie viel Zeit verstrichen war. Auch konnte ich am nächtlichen Himmel keine Veränderungen, die einen kommenden Tag ankünden würden, erkennen.

Plötzlich spürte ich in einen Sog, nicht unangenehm, es war eher eine Art Luftkissen, auf dem ich transportiert wurde. Die ruhigen, gleichmäßigen Bewegungen schaukelten mich in einen Dämmerschlaf.

Als ich wieder erwachte, befand ich mich in einer korallenfarbenen Höhle. Von verschiedenen Seiten kam Licht, aber ich konnte die Lichtquellen nicht entdecken. Das Gestein hatte eine wundervolle Färbung mit einer sanften und warmen Atmosphäre, die durch das indirekte Licht erzeugt wurde.

Ich erhob mich und begann, die Höhle zu erkunden. Sie war nicht groß, hatte eine wundervolle Stimmung und strahlte Geborgenheit aus. Am Ende der Höhle sah ich einen kleinen See und erschrak.

„Diesmal musst Du nicht ins Wasser tauchen", sagte Astouriel, der plötzlich neben mir stand.

„Wo kommst Du denn her?", fragte ich, weil mir gerade nichts Besseres einfiel.

„Raum und Zeit sind eine Illusion."

„Ist bei Dir alles eine Illusion?"

„Vieles", sagte er mit einem verschmitzen Grinsen. „Nur die Liebe nicht."

„Tja", sagte ich, „aber Liebe ist auf Planet Erde scheinbar eine Illusion."

„Deswegen sind wir hier. Folge mir!"

Wir gingen zum anderen Ende der Höhle wo sich ein Aufgang befand. Dort stiegen wir langsam höher. Es waren in Stein gehauene Stufen, die sich im Fels langsam nach oben zogen und immer mehr verjüngten.

Ich blickte nach unten und war erstaunt, wie hoch wir gelangt waren. Es gab kein Geländer, nur die Stufen, jedoch fühlte ich keinerlei Anfall von Schwindel. Schließlich waren wir ganz oben angekommen und ich stellte fest, dass wir uns in einer Kuppel hoch über der Höhle befanden. Der Innenraum der Kuppel war mit strahlend blauer Farbe und goldenen

Punkten übersäht. Ich hatte das Gefühl, unter einem nächtlichen Himmel mit goldenen Sternen zu stehen und spürte ein nie gekanntes Gefühl von Frieden und Geborgenheit.

„Wo sind wir?"

„Am Ort des Herzens. Hier findest Du den vierten Schwan."

„Was symbolisiert er?"

„Die Liebe. Wir sind hier an einem sehr wichtigen Ort."

Lange schwiegen wir. Offensichtlich wollte Astouriel, dass ich die Energie des Ortes intensiv in mich aufnehmen konnte.

„Am Anfang unserer Begegnung habe ich Dir gesagt, dass Du einem Menschen, wenn Du ihm vergeben willst, Liebe schicken sollst. Erinnerst Du Dich noch?"

Ich nickte schweigend.

„Auch Dir selbst musst Du vergeben. Dies ist manchmal noch schwieriger, als einem anderen Menschen zu vergeben. Jetzt stellt sich die Frage, wie macht man das, Liebe schicken."

Wenn wir anderen Menschen Liebe schicken wollen, stellt sich zunächst die Frage, was Liebe ist. Wir alle kennen Liebe: zu unseren

Eltern, zu einem Partner, unseren Kindern, Tieren. Die Möglichkeiten und Arten zu lieben sind unendlich aber nicht jede Form von Liebe ist rein genug, um die transformierende Kraft zu entfalten.

Der Gral ist Gott in Dir und wenn wir den Punkt erreicht haben, um mit ‚Grales Gnade' zu arbeiten, schicken wir Liebe zu dem anderen Menschen. Doch was schicken wir und was oder wen erreichen wir auf der anderen Seite?

Liebe zu schicken bedeutet, Gott im anderen, sei er auch in seinem Leben scheinbar oder tatsächlich noch so weit davon entfernt, anzuerkennen und mit dem göttlichen Bewusstsein des anderen in Verbindung zu treten. Wir stellen sozusagen eine Verbindung von Gott zu Gott her und eigentlich schicken wir gar nichts, sondern ich würde es eher als Verbindung beschreiben.

In unserem Herzen, das Symbol unserer reinen Emotionen, finden wir Gott in uns und stellen eine Verbindung mit der göttlichen Präsenz im anderen her. Dabei spielt es keine Rolle, in welcher Verfassung der andere Mensch ist, ob er auf der Erde als Heiliger, Hure, Mönch, Verbrecher oder auf irgendeine andere Art und Weise bezeichnet wird. Der Gral ist in uns allen vorhanden, weil wir alle ein Teil Gottes sind.

Stellen wir die Verbindung her, entsteht ein Lichtbogen zwischen diesen beiden Menschen und die Liebe Gottes fließt dazwischen hin und her.

Liebe schicken bedeutet, die Präsenz Gottes im anderen bedingungslos zu akzeptieren und sich damit zu verbinden.

Beschreiten wir den Weg mit 'Grales Gnade' und stellen wir diese Verbindung wieder her, so haben wir für einen Moment die Trennung zwischen uns und Gott, die auf der Erde herrscht, überwunden.

Wenn wir Gott im anderen sehen können, haben wir keine andere Wahl als zu vergeben, als Liebe zu 'ver-geben'.

Astouriel hatte seine Erzählung beendet, aber ich war voller Aufregung und spürte mein Herz mit Hammerschlägen pochen.

„Das kann doch nicht sein," mühsam versuchte ich mich zu beherrschen, „jeder Mörder bekommt Gottes Liebe geschenkt und muss nicht mehr ins Gefängnis. Nein, das kann nicht sein...", rief ich aufgeregt.

Astouriel schwieg und sah mich nur mit seinen tiefgründigen, türkisfarbenen Augen an. Was geschah mit mir? Meine Wut, mein Widerstand schmolzen wie Eis in der Sonne.

Das Licht begann sich türkis zu färben und tauchte die Höhle, die Kuppel, den kleinen See unter uns in das Türkis des Meeres. Von einem Moment auf den anderen hatte sich meine Stimmung verändert, ich war voller Liebe, Mitgefühl und Dankbarkeit.

„Was hast Du gemacht?"
„Deine Stimmung transformiert, denn sonst können wir nicht reden."

Astouriel sagte dies, als ob es das Selbstverständlichste der Welt sei.

„Das ist Dir gelungen... Wie hast Du das gemacht?"
„Ich habe Dir Liebe geschickt."
„Das hätte ich mir denken können."

Wir sahen uns fröhlich an.

„Nochmals, wenn wir einem Menschen für sein Handeln vergeben, bedeutet es nicht, dass wir ihn damit aus der Verantwortung für seine Taten entlassen. Dies verwechseln die Menschen und können deswegen nicht vergeben, weil sie es ungeschehen machen wollen."

„Einverstanden", sagte ich, „das hast Du mir bereits versucht zu erklären und habe ich wohl verstanden. Demnach kann ich einem Mörder vergeben, aber er muss dennoch ins Gefängnis?"

Astouriel nickte.

„Die Person muss nicht einmal wissen, dass ich ihr vergeben habe?", fragte ich weiter.

„Nein. Vielleicht wird sie es spüren. Vielleicht auch nicht. Aber im Grunde ist das unerheblich. Denn jeder ist für seine Taten und seinen Lebensplan verantwortlich. Du hast die Wahl, ob Du vergeben möchtest oder nicht. Gott erwartet nicht von Dir, dass Du vergibst. Das Einzige, was ich Dir raten kann ist, dass mit Vergebung Dein Leben leichter und schöner ist."

Langsam hatte sich das Licht in der Höhle wieder verändert und war in ein helles, fast gleißendes Licht gewechselt. Es war angenehm und strahlte unglaubliche Klarheit aus. Das Erstaunlichste war, dass durch die indirekte Beleuchtung unterschiedliche Schattierungen und Effekte entstanden. Es war wirklich von Meisterhand inszeniert.

Dann blickte ich nach unten auf den See und sah den Schwan. Ruhig schwamm er auf dem See. Sein Körper war beschienen von hellem, klaren Licht, das sich auch im Wasser spiegelte. Friedvoll, fast meditativ bewegte er sich langsam und majestätisch auf dem See.

Plötzlich ereignete sich etwas Wundervolles. Es erschien ein zweiter Schwan und erst als ich genauer hinsah, erkannte ich, dass es sich jedoch um das Spiegelbild des Schwans auf dem See handelte. In perfekter und vollendeter Symmetrie befanden sich die beiden Schwäne gegenüber und zeigten ein faszinierendes Spiel.

Dann steckte der Schwan seinen Schnabel ins Wasser, nur ganz leicht, denn ich konnte noch immer die schwarz-rote Maserung erkennen. Die Hälse der Schwäne bildeten jetzt die Form eines Herzens und es schien, als ob sie sich unter der Wasseroberfläche küssten.

Ich war lange in dieses Bild aus Liebe, Harmonie und Schönheit versunken, als plötzlich das Licht erlosch und alles von Dunkelheit verschlungen wurde.

Kapitel VI

Ein Sturm zog über die Ebene, der Wind peitschte über die Zinnen der Burg. Sorgenvoll stand ich an der Wehrmauer und sah auf das schreckliche Unheil, das sich draußen in der Ebene entwickelte.

Wieder und wieder blickte ich in den Innenhof der Burg, um noch einmal mehr die Gewissheit zu erhalten, die ich schon Hunderte Mal an diesem Tag erkannte: ich war völlig alleine in dieser Burg. Weder wusste ich, wie ich hierher gekommen war, noch wo ich mich genau befand.

Die Burg war intakt, wehrhaft, es gab Essensvorräte, Wasser und wunderschön eingerichtete Gemächer. In Friedenszeiten ein guter Platz zum Leben. Die Zugbrücke war nach oben gezogen, die Burg von einem Wassergraben umgeben. Beste Voraussetzungen, um hier zu leben oder zu überleben, vorausgesetzt man konnte die Burg verteidigen.

Erneut machte ich mich mit der bitteren Wahrheit vertraut, dass ich alleine hier war. Ich hatte alles auf dieser Burg gefunden, nur keine einzige Waffe. Es gab nichts, rein gar nichts, um mich zu verteidigen.

Sorgenvoll blickte ich wieder hinaus auf die Ebene. Innerhalb kürzester Zeit hatte die Belagerung begonnen, immer mehr Reiter kamen aus allen Himmelsrichtungen, Schwefelpfeile und Rammböcke wurden in Stellung gebracht und vorbereitet.

Weit in der Ferne, gut geschützt im feindlichen Lager, sah ich ein großes Zelt. Dort musste wohl der Feldherr residieren und gerade seinen kühnen Plan aushecken, wie er diese wehrlose Burg schleifen und einen waffenlosen Mann in der Vollendung seiner Feldherrnkunst töten konnte.

Ein eisiger Schauer lief mir über den Rücken. Es gab Momente, da dachte ich, sie mögen kommen, ich öffne die Burg, sollen sie mich nur schnell köpfen oder vierteilen. Ich wollte nur das Ende. Dann beschlich mich wieder diese grausame Ungewissheit und das Gefühl eines gequälten Tieres, das auf den langsamen, eigenen Tod warten musste. Ich sollte dabei zusehen, wie nicht nur die Eroberung der Burg geplant, sondern auch meine eigene Hinrichtung minutiös vorbereitet wurde.

Der Wind wurde stärker, allmählich braute sich ein Sturm zusammen, der mich mit dem Sand und Staub aus der Ebene bedeckte und in meinen Augen brannte. Ich hatte die Wahl, mich wie ein Feigling zu verkriechen, um alsbald aus meiner Deckung herausgezerrt und wehrlos niedergemetzelt zu werden. Oder ich hielt die Stellung, welch aberwitziger Gedanke, und sah wenigstens mit einem Rest aus Würde meinem Ende entgegen.

Wenn ich ehrlich zu mir war, hatte ich einfach Angst, nackte, pure Angst um mein Leben. Manchmal geriet ich in Panik und rannte schreiend durch das Innere der Burg in der Hoffnung, dass sich irgendwo eine Armee für meine Hilfe versteckt hielt. Das Einzige, was ich erreichte, war die völlige Erschöpfung.

Hinter den Wolken aus Staub versank langsam die Sonne und der Wind flaute ab. So konnte ich in Ruhe den Vorbereitungen auf dem Feld meine Aufmerksamkeit schenken.

Erste Feuer wurden angezündet und noch deutete nichts auf einen Angriff hin, doch das konnte nur eine Tarnung sein. Der Tag wich der Nacht und meine Angst wuchs.

Unruhig begann ich auf der Mauer umher zu gehen, immer ein wachsames Auge auf die Belagerer gerichtet, aber natürlich ohne zu wissen, was ich tun könnte, wenn der Angriff beginnen würde.

Das Zischen des ersten brennenden Pfeils hörte ich, bevor ich ihn sah: Er schlug krachend ein und begann sein zerstörerisches Werk. Ich rannte quer über den Hof, nahm zwei der großen Stufen hinauf auf die Burgwehr und sah den Himmel in Flammen. Überall brennende Pfeile, aus allen Richtungen. Ich blickte um mich und sah an vielen Orten gleichzeitig Feuer ausbrechen. Ich war völlig verzweifelt.

Sollte ich mich von meiner eigenen Burg herabstürzen oder versuchen zu retten, was zu retten ist. Aber sofort wurde mir klar, dass diese Burg bis auf die Grundfesten abrennen wird und zwar noch in dieser Nacht.

Ich stieg hinab in den Burghof. Sofort spürte ich, dass dies ein Fehler war, denn gleißender, stinkender Rauch brannte in meinen Augen und Lungen.

Es waren flammende Teerpfeile, die nicht nur alles zerstören, sondern so viel Rauch erzeugen, dass ich jämmerlich ersticken werde.

Der beißende Rauch hüllte mich ein, es wurde dunkle Nacht, über mir war der Himmel erleuchtet von einem Schwarm brennender Pfeile, der kein Ende nehmen wollte.

Ich versuchte, zum Brunnen in der Mitte des Hofes vorzudringen, fand dort einen Eimer, gefüllt mit Wasser. Ich wollte mein Hemd ausziehen, um daraus Tücher zu reißen und sie mir feucht vor den Mund zu halten, um mich vor dem Rauch zu schützen. Doch in diesem Moment spürte ich die Hitze auf meiner Haut. Sie wird mich versengen, verbrennen, ersticken. Die einzige Frage war, was zuerst eintreten würde.

Meine letzte Chance bestand darin, die Burg zu verlassen. Aber auch das bedeutete meinen sicheren Tod. Schon sah ich Hunderte von Bogenschützen vor dem Burgtor, vom Feldherr in kunstvoller Formation aufgereiht. Die Inszenierung meines Todes. Dann das Signal und ein Hagel von Pfeilen regnet auf mich hernieder und durchbohrt mich wie die heiligen Märtyrer auf Kirchenbildern. Jeder der Pfeile hatte seine eigene Kerbe, dass derjenige als Sieger gekürt werden konnte, dessen Pfeil mein Herz direkt durchbohrte.

Der Rauch drang in meine Lungen und ich war der Ohnmacht nahe. Die Hitze war unerträglich, ich hatte keine andere Wahl. Langsam kroch ich Richtung Burgtor, denn am Boden erschienen mir Rauch und Hitze besser erträglich, aber auch das war nur eine Frage der Zeit. Mühsam und erschöpft erreichte ich die Zugbrücke und ließ sie ein kleines Stück herab. Dies brachte mir frische Luft, die ich gierig einsog.

Aber ich wusste auch, dass ich damit das Zeichen für meine Hinrichtung gegeben hatte. Jetzt wussten sie, dass ihre Strategie aufgegangen war und so blieb nur noch wenig Zeit, bis sie mich endlich töten könnten. Der Feldherr gab seinen Schützen Befehl für die Aufstellung. Alles war gespannt und wartete nur auf diesen einen Moment.

An der Brücke war die Luft besser und die Hitze erträglich, weil sie begonnen hatten, die Burg von der Mitte heraus auszubrennen. So schöpfte ich ein wenig Mut, dass ich hier in irgendeiner Ecke überleben konnte.

In diesem Moment schlugen drei Pfeile vor meinen Füßen ein und entfachten stinkenden Rauch. Ein weiterer Pfeil war über mir in das Holzgebälk des Burgtores geflogen und hatte es bereits in Flammen gesetzt. Das war mein Ende.

Jetzt wollte ich nur noch, dass es schnell ging und mit einem Rest von Würde in den Tod gehen, wenn man den Pfeilehagel auf einen Wehrlosen als würdevoll bezeichnen kann.

Inzwischen waren auch hier Hitze und Rauch unerträglich. Mit letzter Kraft versuchte ich, das Burgtor herabzulassen. Der Hebel entglitt meiner Hand und das Tor schlug krachend auf der anderen Seite des Burggrabens auf.

Die Stille dauerte einen Moment oder eine Ewigkeit. Ich schloss die Augen und trat einen Schritt nach vorne.

Kapitel VII

Mit ausgebreiteten Armen stand ich auf der Zugbrücke. Doch nichts geschah. Meinen Tod erwartend, verharrte ich regungslos. Eine unwirkliche und trügerische Ruhe umfing mich. Noch immer wartete ich auf den Tod bringenden Pfeil.

Stille.

Langsam öffnete ich die Augen und sah vor mir die weite Ebene friedlich im Dunkel der Nacht. Schweißgebadet erwachte ich auf der Pritsche und Astouriel hielt meine Hand. Er lächelte.

Ich war benommen und kam erst langsam wieder zu mir. Astouriel reichte mir ein neues Gewand zum Anziehen und bat mich an den Tisch. Dort fand ich eine Schale mit frisch geschnittenem Obst und eine Tasse Tee. Dies brachte mich in die Realität zurück und ich versuchte, mich Schritt für Schritt an den Traum zu erinnern, damit keine Details verloren gingen.

„War das wirklich nur ein Traum?"

Astouriel wiegte den Kopf hin und her.

„War es die Realität?", fragte ich besorgt.

„Die Realität ist, dass wir Dich auf Deine Rückkehr vorbereiten müssen", sagte er.

„Was bedeutet das denn?"

„Es wird der Moment kommen, an dem Du diesen Ort verlässt, den Bergen den Rücken kehrst und über die verschneite Ebene in Dein normales Leben zurückkehren musst. Wir haben uns über Demut, Gnade und Vergebung unterhalten. Der Gral ist Gott in Dir. Mit all den neuen Erfahrungen wirst Du nicht nur Freunde finden. Die Erinnerung an das alte Wissen erschüttert die Bastionen, die von den Rittern des Ego errichtet wurden, in ihren Grundfesten."

„Werden Sie mich angreifen und töten wollen? Dann vergesse ich das lieber alles..!"

„Das geht leider nicht. Du bist hier und die Erfahrungen sind nicht mehr rückgängig zu machen. Was Du im Traum gesehen hast, waren Bilder für das, was Du zu lernen hast."

„Wie ich kämpfen und mich verteidigen kann?", fragte ich trotzig. „Ich hatte nicht die geringste Chance!"

„Nein, ganz und gar nicht", entgegnete Astouriel mild. „Es geht darum, Deine

Angst zu besiegen. Wenn Du Dir den Traum noch einmal genau überlegst, ging es eigentlich nie um das Kämpfen, es ging immer um Deine Angst. Deswegen haben Dich ja auch die gefürchteten Bogenschützen nicht erwartet, sondern es hat sich alles aufgelöst."

„Ja, Du hast recht, es ging tatsächlich nicht ums Kämpfen, sondern um meine Angst. Aber warum ist das so wichtig? Die Ritter des Ego kämpfen doch?"

„Das ist stimmt allerdings. Aber ihre schärfsten Waffen sind die Ängste der Menschen. Sie entwickeln Szenarien, Gesetze, Vorschriften, Informationen, die alle auf Angst basieren. Dadurch erreichen sie die Umdeutung der Begriffe wie Demut oder Dienen. Jetzt beginnen sie, Herrschaft und Kontrolle über die Menschen auszuüben."

,Wer nun dem Gral zu dienen ist erkoren, den rüstet er mit überirdischer Macht', so lautet das uralte Gralsprinzip.

Allerdings nur solange die Frauen und Männer, die ihm dienen, den Prinzipien Demut, Dankbarkeit und Vergebung folgen und sich nicht zu erkennen geben.

Die Ritter des Ego versuchen, sie zu enttarnen, was ihnen manchmal sogar gelingt. Die wichtigste Fähigkeit der Grales Diener ist die Beherrschung und Aufarbeitung der eigenen Ängste. Denn nur durch die eigenen Ängste können sie angegriffen werden.

In den Herzen der Grales Diener wächst während der Jahre hingebungsvoller Tätigkeit das innere Wissen und die unerschütterliche Gewissheit, mit der Energie von ‚Grales Gnade‘ verbunden zu sein. Der Gral ist Gott in Dir – und nichts, aber auch gar nichts darf Dich darin erschüttern.

„Ich werde Dir jetzt zeigen, welche Möglichkeit Du hast, Dich auch in größter Bedrängnis zu schützen. Bitte folge mir.“

Wir erhoben uns, verließen erneut die so vertraute Kammer, wandelten durch Raum und Zeit bis wir uns wieder in dem großen Saal befanden.

Sofort fiel mir auf, dass nunmehr auch das vierte Bild mit dem Schwan deutlich und klar erkennbar war.

Ich sah das getreue Abbild von dem, was ich von oben aus der Kuppel der Höhle beobachtet hatte. Einen Schwan und dessen Spiegelbild und die beiden Hälse bildeten die Form eines Herzens.

Astouriel war zwischen den Bankreihen hindurchgegangen und erwartete mich in der Mitte des Quadrates, das durch die Bänke gebildet wurde. Der Tisch, der hier noch beim ersten Mal stand, war verschwunden, statt dessen befand sich dort ein thronähnlicher Sessel.

Unwillkürlich blickte ich nach oben und blieb erstaunt stehen. Auch das letzte Bild in dem Raum, das Deckenfresko mit der Taube war nun klar und deutlich zu sehen. Das Weiß der Taube war wie strahlendstes Licht. Die Schwingen waren weit ausgebreitet und die Taube schien gleichzeitig in der Luft zu stehen, sich abwärts zu senken und aufzusteigen. Ein verwirrendes Bild für die Sinne.

Astouriel bat mich, auf dem Sessel Platz zu nehmen. In diesem Moment wurde das Licht in dem Raum dämmrig, ich sah keine Kerzen und hatte auch keine Zeit, mir anderweitige Gedanken über das Licht zu machen, denn Astouriel stand direkt vor mir. Er wirkte überlebensgroß und um ihn herum entstand ein riesiger türkiser Bogen. Ich fühlte unglaublichen Frieden, Dankbarkeit und Demut.

„Schließe Deine Augen", sagte er. „Erinnere Dich an Deinen Traum und warte, was passiert. Jetzt sorgen wir für alles."

Sofort befand ich mich wieder in gleißenden, nach Pech stinkenden Rauch, der mich von allen Seiten umgab. Ich begann zu husten, mir wurde schlecht, sank auf die Knie und wollte mich übergeben.

Dann verwandelte sich plötzlich die Energie. Auf den Knien liegend, hob ich mühsam den Kopf und blickte nach oben.

Ein Teil des Rauches war verschwunden und über mir sah ich zwischen Nebel, Dampf und Rauch eine kreisrunde Öffnung, die sich langsam aber kontinuierlich vergrößerte.

Um mich herum schien alles zum Stillstand gekommen zu sein. Ich konnte weder Lärm noch Gestank wahrnehmen.

Schließlich dehnte sich die Öffnung bis nach unten aus, so dass ich mich mitten darin befand. Es war wie ein Scheinwerferkegel, der in völliger Dunkelheit von oben auf mich ausgerichtet war.

Ich erhob mich, konnte frei atmen und war ohne Angst. Wie in einer Kuppel, die nach oben hin geöffnet ist, sah ich einen türkisblauen Fleck, ich selbst stand in einem Kegel aus weißem Licht. Ich verstand nicht, wie diese beiden Phänomene zusammen gehörten.

Bevor ich weiter nachdenken konnte, sah ich hoch über mir eine weiße Taube erscheinen, die auf der Stelle zu schweben schien. In diesem Moment fühlte ich nichts als reine Liebe und Geborgenheit.

Der Kegel begann sich zu bewegen, so dass ich ihm folgen musste, wenn ich nicht riskieren wollte, diesen Schutzkreis zu verlassen.

So wurde ich durch den Burghof geleitet bis zu der Stelle an der Zugbrücke, wo ich die Mechanik betätigen konnte. Ich ließ die Brücke langsam herab, schritt darüber und erreichte das weite Feld.

Ich war außer Gefahr und allmählich begann sich das Licht aufzulösen. Als ich nach oben blickte, war auch die Taube verschwunden.

Ich wurde gewahr, dass ich mich wieder auf dem Thron befand und sah wie Astouriel mir in normaler Größe gegenüber stand.

„Was war das?", fragte ich staunend.
„Grales Gnade."
„Aber ich habe niemandem vergeben..?"

„Bitte erinnere Dich an meine Worte. Wenn der Gral dich erkoren hat, ihm zu dienen, dann rüstet er Dich mit überirdischer Macht. Was Du erlebt hast, ist die liebevollste und stärkste Möglichkeit, Dich vor den Angriffen der Ritter des Ego zu schützen. Jedoch - und merke diese Worte gut - nur wenn Du in der Energie von Gnade, Demut und Vergebung bist, steht Dir diese Kraft zu Verfügung."

„Wie schaffe ich das in einer Situation, wenn ich angegriffen werde?"

„In der dreidimensionalen Realität finden keine Ritterspiele statt und von den Rittern des Ego wirst Du nicht körperlich angegriffen. Deren stärkste Waffe ist die Angst. Sie werden Dich mit allen Ängsten angreifen, die Du Dir nur vorstellen kannst. Die Angst zu sterben, nicht geliebt zu werden, jemanden zu verlieren, nichts Wert zu sein, zu verhungern, kein Geld zu haben, krank zu werden. Lass mich hier enden, denn es führt zu nichts. Angst hat zahlreiche Facetten und die Ritter des Ego verfügen über viel Kreativität, immer neue Spielformen der Angst zu erfinden, zu tarnen und in Dein Leben einzuschleusen und ehe Du Dich versiehst, brennt Deine Burg. Du weißt, was ich meine."

„Allerdings", sagte ich nickend. „Diese Erlebnisse waren überzeugend genug. Doch wie kann ich diesen Schutz - oder wie soll ich es nennen - anrufen?"

„Das bleibt Dir überlassen und es ist Teil Deiner Aufgabe, Dir einen Weg zu überlegen. Wir haben es Dir einmal gezeigt. Du kannst es jederzeit erschaffen, jedoch ist es Deine Verantwortung, damit zu arbeiten. Du musst Dich Deiner Ängste erwehren. Wir können und dürfen das nicht für Dich tun."

Astouriel reichte mir die Hand und erleichtert erhob ich mich aus dem Sessel. Wieder gab er mir das längst bekannte und vertraute Zeichen, ihm zu folgen.

Wir durchquerten den Raum und gingen zu der Wand mit dem vierten Schwan. Da entdeckte ich eine Türe an der Ecke mit geschwungenen, schmiedeisernen Verschlägen.

Zu meinem Stauen öffnete sich die Türe nicht von selbst. Astouriel gab mir ein Zeichen, die Klinke niederzudrücken. Ich konnte sie leicht

öffnen und folgte seiner Aufforderung einzu-
treten.

Jetzt befand ich mich in einem kleinen fenster-
losen Raum, der wieder mit Kerzenlicht erleuchtet war. Am Ende des Raumes stand ein
Tisch, auf dem ich verschiedene Gegenstände
erkennen konnte. Dann spürte ich die Präsenz
von Astouriel neben mir.

„Deine Rückkehr nähert sich und wir haben
noch etwas für Dich vorbereitet. Du siehst
hier drei Gegenstände, die wirst Du in Deiner dreidimensionalen Realität in dieser
Form nicht wieder finden, sondern wir werden sie Dir jetzt als Symbol energetisch zur
Verfügung stellen und in Dir verankern."

Neugierig trat ich einen Schritt näher. Auf
dem Tisch war ein rotes Tuch ausgebreitet,
auf dem sich zwei lange weiße Streifen in der
Mitte kreuzten und so vier Quadrate bildeten.
In jedem Quadrat war in der Mitte ein
Schwan eingestickt, der von der Darstellung
und Reihenfolge den Bildern in der großen
Halle entsprach.

Auf der Decke lagen ein altertümliches Horn,
ein Schwert und ein Ring. Fragend blickte ich
Astouriel an.

„Diese Gegenstände sind drei wichtige Symbole, die Du für Deine Arbeit als Grales Diener benötigst. Zunächst das Horn. Einst wurde es bei Gefahr eingesetzt, um mit dem Ruf des Hornes Gefährten herbeizurufen. Das ist noch immer so. Wähnst Du Dich in Gefahr, so stoße in das Horn. Andere Diener des Grals werden es hören und sie können, zu Hilfe eilen. Wichtig für Dich ist, dass Du sie nicht als solche erkennen wirst, denn sie dürfen ihre Identität nicht preisgeben, auch Dir nicht, sonst verfallen sie den Rittern des Egos. Deswegen stelle keine Fragen und bringe nie einen Diener des Grals in eine Situation, dass er sich zu erkennen geben muss."

Etwas ratlos nahm ich das Horn in die Hand, betrachtete es von allen Seiten, setzte es an den Mund und blies hinein. Doch das Horn blieb stumm.

„Du bist nicht in Gefahr, deswegen hörst Du keinen Ton. Die Pflicht zur Hilfe, wenn Du den Ruf der anderen vernimmst, betrifft auch Dich. Doch nie gib Dich zu erkennen."

Erstaunt sah ich Astouriel an.

„Wie soll ich bei Gefahr in ein Horn blasen, wenn ich keines habe und dem Ruf folgen, wenn ich nicht weiß, wie der Ruf des Horns erklingt?"

Ich war völlig verwirrt.

„Der Gral sucht Dich. Wenn es soweit ist, wird Dir zur Verfügung stehen, was Du brauchst und Du wirst erkennen, was Du erkennen sollst. Sonst wärst Du auch nicht hier. Deine Aufgabe besteht darin, die richtigen Dinge zu tun. Alles andere wird sich Dir zeigen."

Astouriel nahm das Schwert vom Tisch und gab es mir in die Hand.

„Das Schwert symbolisiert Macht, Klarheit und Unterscheidungskraft. Bitte nutze das Schwert niemals, um zu siegen, nur stets, um zu dienen. Mehr habe ich dazu nicht zu sagen."

Dann nahm er den Ring vom Tisch und legte ihn mir in die Hand. Ein großer, glitzernder türkisfarbener Stein war in dem Ring gefasst. Er lag schwer in der Hand, aber als ich ihn an meinen linken Ringfinger streifte, fühlte er sich plötzlich leicht an und passte wie angegossen.

„Der Ring symbolisiert den Gral in Dir. In dem Moment, wenn Du ihn am Finger trägst, nimmst Du Dein Amt als Diener des Grals an. Wie ich sehe, hast Du das bereits getan."

Astouriel schwieg und wir standen uns gegenüber, während das Licht dämmrig wurde, weil die Kerzen nieder brannten.

„Ich danke Dir. Deine Aufgabe ist, Vergebung zu praktizieren und als Beispiel und Vorbild unerkannt dem Gral zu dienen."

Unser Schweigen wurde nur durch das vereinzelte Zischen und Knistern der Kerzenflammen unterbrochen.

„Bevor Du zurückkehrst, werden wir uns ein letztes Mal wiedersehen. Noch gibt es wichtige Informationen für Dich und Deinen weiteren Weg. Dann werde ich Dich darauf vorbereiten, wo und wie Du Dich in Deiner Realität wieder zurecht findest. Bis dahin genieße es, in diesem Raum zu sein. Verweile hier, solange es Dir beliebt, denn dieser Moment ist großes Geschenk."

Kapitel VIII

Von dem kapellenartigen Raum ging ich zurück in den großen Saal mit den Bildern der Schwäne. Als ich ihn verließ, trat ich sofort wieder in den Tunnel ein, ließ Raum und Zeit hinter mir, bis ich Astouriel in einem prächtigen, weiträumigen Saal wiederfand.

Früher musste es wohl eine Art Bankettsaal gewesen sein, aber jetzt war der Raum völlig leer. Es gab eine lange, durchgehende Front, die durch große Fenster mit spitzen Bögen im gotischen Stil gestaltet war.

Durch diese Fenster erblickte ich wieder die beeindruckende Felswand, die ich bereits vom Turm aus bewundern konnte. Das erste Mal seit meinem Aufenthalt sah ich, wie draußen langsam die Umgebung heller wurde. Es war die Zeit des beginnenden Morgens und sicherlich auch ein Zeichen für mich, dass meine Zeit hier ihrem Ende entgegen gehen wird.

Ich sah mich in Ruhe um. Der Saal war durch die beginnende Dämmerung erhellt. Wieder fiel mir auf, dass es angenehm warm war, obwohl es draußen nach klirrender Kälte aussah. Ich ging zum Fenster, um mich in diesen magisch schönen Blick zu vertiefen: die Berge

mit dem stärker werdenden Blau des Him-
mels als Kontrast zu der mit Schnee bedeckten
Landschaft. Ich wollte dieses Bild aufsaugen
und in mir tragen. Dann spürte ich die Präsenz Astouriels neben mir.

„Präge Dir dieses Bild gut ein. Die Erinnerung daran wird Dir helfen, immer wieder
Kraft zu schöpfen. Vergebung ist eine große
Herausforderung und die Grundlage dafür,
dass die Menschen jemals Frieden auf Erden
erschaffen können."

Gemeinsam blickten wir schweigend aus dem
Fenster. Ich hatte das Gefühl, in diesem Moment mit allem, der Energie von Astouriel,
den Bergen, dem Ort, an dem ich mich befand, dem Gral vereint zu sein. Alles begann
in mir zu verschmelzen und ein Teil von mir
zu werden.

Dann begann Astouriel seine letzte Erzählung.

„Es ist wichtig, dass Du den Menschen von
mir erzählst. Ich bin der Engel der Vergebung und bin bereit, mit allen Menschen zu
arbeiten, die Frieden in ihrem Herzen erschaffen wollen. Allerdings bin nicht ich
derjenige, der vergeben kann. Dies muss jeder Mensch selbst erfahren, denn es ist Teil

der Lebensaufgabe und ein individueller Entwicklungsweg. Ich möchte mit Liebe alle Menschen unterstützen, den Weg des Grals und der Vergebung zu gehen. Ich kann sie Demut, Gnade und Dankbarkeit lehren, um den Zustand von ,Grales Gnade' zu erreichen. Damit gelangt wirklich Frieden in das Herz jedes Einzelnen. Vergebung ist die Grundlage für ein glückliches Leben, für Erfolg und für Frieden in uns und auf der Erde. Ich trage alle fünf Vokale in meinem Namen. Dadurch bekommt meine Energie eine besondere Frequenz und ich bin für jede Schwingung erreichbar. Der Bettler in der Gasse, der dem Alkohol verfallen ist, oder ein Fürst, der in Wollust sein Leben verprasst, für jeden stehe ich zur Verfügung. Jeder Mensch kann lernen zu vergeben, wenn er es will. In dem Moment, wo er sich in ehrlichem Bemühen innerlich aufmacht, den Weg des Grals zu gehen, wie Du ihn hier kennen gelernt hast, bin ich an seiner Seite, so wie ich Dich hier geleitet habe."

Aufmerksam hatte ich ihm zugehört und war tief berührt.

„Belehre und urteile nie, teile Dein Wissen und bleibe demütig", schloss Astouriel seine Ausführungen.

Wir blickten uns tief in die Augen, dann reichte ich ihm meine Hand.

„Ich kann Dir nicht versprechen, dass ich ab jetzt keine Fehler mehr mache, aber ich kann Dir versprechen, dass ich dem Gral in mir folgen und dienen werde."

„Das ist mehr als genug. Wir danken Dir."

Schließlich verließen wir den Saal und gingen wenige Schritte bis zu einem großen Tor, das sich geräuschlos, geschmeidig, ja fast majestätisch öffnete.

Ich trat durch das Tor hinaus und vor mir lag das weite schneebedeckte Feld. Auf der einen Seite sah ich die Berge, die im beginnenden Tageslicht immer klarer und heller erschienen. Es war der Beginn eines herrlichen Wintertages. Ich stand barfuss mit meinem Umhang im Schnee, doch spürte ich keinerlei Kälte. Im Gegenteil, ich fühlte mich geborgen und sicher. Auf der anderen Seite lag die Ebene des langen Tals. Dort erwartete mich wohl auch meine Rückkehr.

„Lass die Berge hinter Dir und gehe immer das Tal auswärts. Bald wirst Du einen kleinen Bach hören. Wenn Du ihn dann siehst, findest Du an seiner Seite einen schmalen Pfad, diesem folgst Du, bist Du wieder in Deiner Welt angekommen bist."

„Wo finde ich andere Kleider und wie kann ich mich orientieren? Ich habe nicht die geringste Ahnung, wo ich bin."

„Der Gral ist Gott in Dir und der Gral wird für Dich sorgen. Deine Aufgabe ist, den Weg zu gehen."

„Das ist eine Herausforderung..."

„Es ist die erste und die einfachste."

Noch ein letztes Mal blickte ich auf die Berge, die sich immer klarer gen Himmel streckten und eine unglaubliche Kraft und Schönheit ausstrahlten. Dann sah ich die lange, öde Strecke vor mir. Gerne wäre ich noch geblieben. Ein Seufzer entfuhr meiner Brust.

„Es ist Zeit, sich zu verabschieden."

Er breitete die Arme aus und umarmte mich herzlich und innig, als wolle er mich ein letztes Mal mit Kraft und Vertrauen versorgen. Dann löste er sich von mir und gab mir die Hand.

„Danke für Deinen Mut, hierher zu kommen. Auch ich werde immer bei Dir sein. Bitte erinnere Dich stets daran."

Noch ein letzter kräftiger Händedruck, dann ließ er mich los.

Jetzt war es so weit.

Schweren Herzens schritt ich durch das Tor, ohne mich nochmals umzudrehen und ein letztes Lebewohl zu winken, aus Angst, ich würde wieder umkehren und zurücklaufen. Ich wusste, dies ist mein Weg und es ist meine Aufgabe, ihm zu folgen.

Eine erste Zeit des Wanderns war vergangen, als ich doch noch einmal stehen blieb. Jetzt war ich weit genug entfernt und wollte ein letztes Mal zurückblicken.

Ich sah die Felsen aus dem Schnee ragen und sich mit dem tiefblauen Himmel des Winters vereinen.

Zwischen den Bergen, am tiefsten Punkt, erhob sich ein strahlend weißer Engel am Himmel voller Anmut und Schönheit, die mein Herz tief berührte.

Noch einmal hörte ich Astouriels Stimme.

„Diene dem Gral."

Kapitel IX

Hier bricht das Manuskript unvollendet ab, das ich einst in einer wurmstichigen Truhe auf der Dachkammer des verfallenen Hauses fand.

Bis heute kann ich nicht sagen, was mich damals bewegte, die Aufzeichnungen an mich zu nehmen, um sie in jahrelanger, nächtlicher Arbeit zu entziffern, zu rekonstruieren und schließlich neu aufzuschreiben.

Ich weiß nicht, ob es sich bei dieser Erzählung um einen phantastischen Bericht handelt oder eine reale Erfahrung beschrieben wird.

Letztendlich spielt es keine Rolle, denn längst ist in unserer Welt die Realität eine Fiktion und die Fiktion eine Realität.

Es blieb mir auch verwehrt, Informationen über den Verfasser oder vielleicht sogar die Verfasserin in Erfahrung zu bringen.

Allzu gerne würde ich wissen, wie das Leben des Erzählers weiter verlaufen ist, nachdem er das Tal durchschritten und sein normales Leben wieder erreicht hat.

Nach allem, was sich aus dem Manuskript entnehmen lässt, scheint es sehr reich an

Abenteuern und Herausforderungen gewesen zu sein, wenn gleich ich ebenso wenig weiß, in welcher Zeit sich die Geschichte ereignet haben mag.

Doch vielleicht wird der Tag kommen, an dem sich dies erhellen wird, denn es gibt noch viele Schätze zu finden und Geheimnisse zu enthüllen.

So endet hier nun auch meine Arbeit und der Dienst, diese Erzählung für diejenigen, deren Herz sie berührt, zur Verfügung zu stellen.

Möge meinen Leserinnen und Lesern eine wundervolle Erfahrung, die zu ihrem höchsten Wohle sei, zuteil werden.

Dank

Dieses Buch widme ich voller Dankbarkeit meiner Frau Isabelle.

Von Herzen bedanke ich mich für ihre immer während Unterstützung auf allen Ebenen, so dass ich meine Bücher schreiben kann und für die Ermutigung, meiner Intuition zu folgen, um das zu tun, an was ich wirklich glaube.

Isabelles täglich treu gelebtes Prinzip „Love is always the answer" ist nur durch einen kontinuierlichen Prozess der Vergebung und des inneren Friedens möglich. Ich habe viel gelernt und lerne täglich mehr. Dafür bin ich sehr dankbar.

Inspiriert wurde „Grales Gnade" durch die Opern „Lohengrin" und „Parsifal". Immer wieder bewegt und begeistert mich die sprachliche und musikalische Kraft Richard Wagners.

Durch die tiefen Erlebnisse seiner Musik konnte ich beginnen, mich mit der Energie von „Grales Gnade" zu verbinden und sie Schritt für Schritt wieder zu entdecken.

Über den Autor

 Hubert Kölsch ist Autor, Seminarleiter und Coach.

Wichtiges Anliegen seiner Arbeit ist es, die unterschiedliche Bereiche des Lebens wie Spiritualität, Wirtschaft und Kultur in Verbindung zu bringen.

Er schreibt Belletristik, Fachbücher, Artikel, Essays und Kurzgeschichten.

Hubert Kölsch hält Vorträge, leitet Seminare und bietet individuelles Coaching an.

Er lebt in München und ist für Vorträge und Seminare in Deutschland, Österreich, Schweiz und Italien auf Reisen.

Weitere Informationen und aktuelle Termine finden Sie unter:

www.hubert-koelsch.de

Weitere Bücher von Hubert Kölsch

Hubert Kölsch

Gott antwortet immer

Eine Parabel über Vertrauen

€ 6,95, Book on Demand

Hubert Kölsch

Spirituell & erfolgreich

Praxisbuch für die Manifestation Ihres Erfolges

€ 14,95, Schirner Verlag

Hubert Kölsch

Das M-Projekt

Ein spirituelles Abenteuer. Roman

€ 14,95, Schirner Verlag

Weitere Bücher von Hubert Kölsch

Hubert Kölsch, Monika Pietsch

Seil Settings

Teamtrainings erlebnisorientiert gestalten

€ 32,95, Beltz Verlag

Hubert Kölsch, Franz-Josef Wagner

Erlebnispädagogik in der Natur

Ein Praxisbuch für Einsteiger

€ 18,90, Reinhardt Verlag